AF224046

LA
JUSTICE FRANÇAISE
EN ALGÉRIE
ET
L'INAMOVIBILITÉ

PAR

Henry DRAPIER

تصنيعب في الشريعة
الفرنساوية بالجزاير و ما يتعلف بهـا

CONSTANTINE

Imprimerie Administrative et Commerciale, Ph. LECA, 42, rue de France

1891

LA
JUSTICE FRANÇAISE
EN ALGÉRIE
ET
L'INAMOVIBILITÉ

PAR

Henry DRAPIER

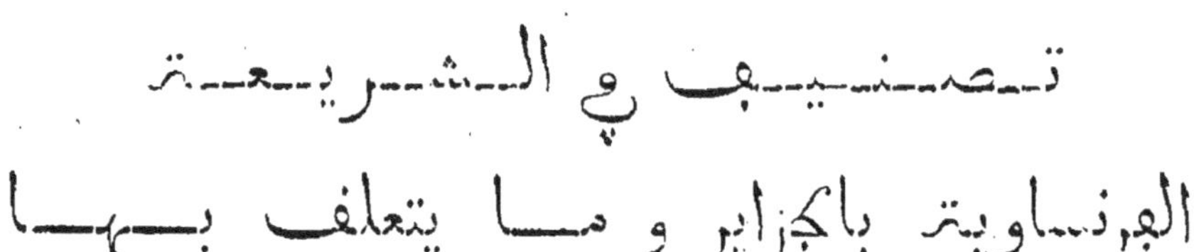

تصنيب في الشريعة

الفرنساوية بالجزاير و ما يتعلف بهـا

CONSTANTINE

Imprimerie Administrative et Commerciale, Ph. LECA, 42, rue de France

1891

PREMIÈRE PARTIE

Après avoir réprimé d'incessantes révoltes, la France s'est définitivement annexé trois provinces au Nord de l'Afrique.

Notre génération recueille, aujourd'hui, les profits du travail considérable conçu et réalisé avec les différents systèmes jusqu'ici étudiés. Les théories variées qui se sont manifestées, sous plusieurs phases, ont évidemment laissé des bases utiles dont l'examen et la comparaison permettent de discerner les éléments susceptibles d'être utilement développés.

Il faut bien convenir que dans les Indes, par exemple, le progrès n'est facile qu'avec les Indous qui observent le culte de Brahma ou le Bouddisme; il en est autrement avec les Indous convertis au Mahométisme, qui se révoltent fréquemment et opposent à l'élément chrétien la même résistance sourde et la même inertie que leurs coreligionnaires algériens.

L'heureux effet des transformations entreprises dans le sens civil ne s'est vraiment manifesté que depuis 1871, car auparavant on s'est trouvé aux prises avec des difficultés que, dans l'engouement du début, on était loin de soupçonner.

Que de procédés n'a-t-on pas employés pour triompher de l'opposition des Musulmans et pour arriver à les persuader de la solidarité de leurs intérêts avec les nôtres ? Que de prétextes n'a-t-on pas mis en avant pour établir à leurs yeux notre puissance et notre désir de rapprochement : tantôt sympathie, tantôt défiance, régime agressif, régime de confiance, les modes les plus contraires ont été éprouvés, chaque année voyait naître des innovations et des essais qui ont un peu énervé les forces du pays.

Plus d'un quart de siècle notre civilisation entravée est restée stationnaire, la politique adoptée représentait surtout la force, et nous étions, avant tout, préoccupés de tenir en respect une nation belliqueuse toujours avide de soulèvements.

Combien la tâche de notre armée eut été moins laborieuse, si le rapprochement et la liaison nécessaires entre deux races, destinées à vivre côte à côte, avaient été progressivement acquis. Cette cohésion d'aujourd'hui, qui double nos forces, aurait, avec infiniment plus de rapidité, enrayé les luttes néfastes qui ont absorbé trop longtemps notre vaillante activité.

Par la suite, les aspirations se sont élevées ; l'œuvre suspendue et la marche pacifique ont été dirigées vers l'idéal poursuivi : Bien-être des Français qui s'expatrient et emploient forces et resssources à acquérir une vie facile que la Métropole ne peut donner à tous ; diminution des souffrances du peuple indigène abandonné à lui-même et qui doit profiter des institutions modifiant son existence précaire.

Depuis la fin de l'Empire, la modération et la nouvelle forme civile de notre politique ont fait naître dans les rangs de la population indigène une soif de calme et de justice qui facilite le développement que nous voulons imprimer à cette société si dissemblable de la nôtre. La race, le langage, le climat, les coutumes qui nous séparaient n'empêchèrent pas notre occupation de s'effectuer, et si nous avons respecté les principes et les traditions des Musulmans, nous avons eu recours à l'organisation administrative et judiciaire française pour assurer la paix intérieure et préparer l'avenir d'un peuple arriéré.

Les formes solidement assises d'un système judiciaire ne purent être constituées dès la première heure. Les critiques, parfois heureuses, et les épreuves de chaque jour, marquèrent ses modifications,

L'étude du droit musulman, le développement que prenaient progressivement nos institutions, le désir nettement manifesté par les Indigènes de sortir d'un état de suspicion que les révoltes continuelles commandaient à notre prudence, firent écarter peu à peu les préoccupations de troubles. La législation, négligée ou maintenue avec une sage réserve, se compléta conformément aux désirs des nouveaux justiciables et l'exercice uniforme de nos pouvoirs judiciaires fut consacré.

Le développement d'une population agricole attachée au douar d'origine (malgré les déplacements périodiques de certains nomades à la recherche de pâturages), population dont l'horizon se limite au territoire où se trouvent ses cultures et ses troupeaux, à la tribu dont les membres descendus d'une souche commune sont quelque peu ses parents ou alliés, devait être envisagé, abstraction faite de toutes nos idées d'Occidentaux. L'organisation judiciaire a d'abord répudié toute division des justiciables en catégories déterminées par la fortune ou le rang social. Le berger peut, aujourd'hui, faire valoir ses droits comme le caïd, et la femme, dont la condition misérable est tenue hors de notre action par les lois du Prophète, sait néanmoins, en maintes occasions, faire utilement entendre ses plaintes et en appeler à la protection des autorités. Dans les affaires civiles on a réduit les pouvoirs des cadis au point d'en faire de simples notaires recevant les actes publics et jugeant quelques demandes relatives au statut personnel et aux droits successoraux.

Les griefs portés contre l'arbitraire des cadis ont fait écarter les agents indigènes en tant que juges, et le décret du 17 avril 1889, dont l'application semblait grosse de surprises, n'a pas troublé l'équilibre du système.

Dès le début, tout pouvoir repressif en matière de contravention, comme au correctionnel et au criminel, avait été enlevé aux chefs indigènes. Sauf le droit de sévir dans quelques cas de contraventions d'un ordre spécial qu'il était prudent de laisser aux représentants français du régime administratif, les infractions légères de police comme les fautes graves furent déférées à l'autorité judiciaire française. La préoccupation dominante était bien de rechercher ce qu'il y avait d'excessif dans les juridictions exceptionnelles, et si, dans quelques cas spéciaux, les règles du droit commun ont semblé insuffisantes pour donner satisfaction à des besoins certains, il a fallu recourir à une compétence spéciale pour connaître des difficultés soulevées en matière d'indigénat. L'appel devant les Tribunaux ou la Cour, suivant l'importance des causes, et nos méthodes d'instruction des crimes ont été accordés aux Musulmans.

Seule, notre procédure onéreuse et compliquée, quoique sommaire, fait obstacle aux avantages considérables que la transformation aurait procurés aux Indigènes.

Mais c'est là un défaut de notre législation dont nous souffrons nous-mêmes, le peuple soumis n'oserait prétendre à une condition meilleure que la nôtre et les réformes que nous saurons, à n'en pas douter, apporter à notre organisation atteindront ceux que nous voulons gratifier d'une justice conforme à leurs intérêts.

Les règlements nouveaux ont fait surtout comprendre aux Indigènes les vices de la justice musulmane, puisque d'eux-mêmes, ils ont réclamé des accroissements de compétence et un contrôle plus large pour nos magistrats français. Le calme que le régime civil a fait naître reflète les sentiments du peuple arabe à l'égard des autorités qui redressent les torts et sauvegardent les intérêts, sans blesser les consciences.

On ne pensait jamais pouvoir concilier les principes du droit musulman avec ceux du droit français, leurs contradictions heurtaient les traditions comme les aspirations du peuple arabe. Sur un terrain commun de conciliation, nous nous sommes trouvés aux prises avec les difficultés d'une évolution qui devait, avant tout, ne pas froisser les coutumes et une religion bien ancrés. Dans le but de ne pas trop s'écarter des institutions musulmanes, on tira de nos codes quelques éléments de réformes appliqués chaque fois qu'il y avait un point de contact dans les besoins et dans les intérêts. Par transition, les réformes judiciaires arrivèrent à être supportées, jusqu'au jour où la question de la nécessité d'un développement, dans un sens très français, se posa pour les Indigènes devenus moins réfractaires aux choses d'Occident.

La Juridiction française fut alors décrétée commune aux Indigènes et aux Européens, en tant que forme, puisque les justiciables musulmans conservèrent leur droit civil.

Avec une énergie bien concevable, les cadis tinrent tête à des principes qui menaçaient leur existence ; il ne serait pas injuste de dire qu'ils tentèrent même, sur certains points du territoire, de faire échec aux nouveaux pouvoirs, ou tout au moins de compromettre le succès d'une substitution qui rendait leurs fonctions infimes.

Les cadis-notaires d'aujourd'hui dissimulent-ils leur ressentiment ou leur soumission est-elle bien sincère ? Les Juges de Paix, dont les rapports de service avec les agents musulmans sont fréquents, diront que le regret du passé demeure vivace en eux; qu'ils se refusent à reconnaître l'heureuse impression causée sur les populations indigènes par le changement survenu dans l'ordre judiciaire, depuis que les magistrats français participent, pour la plus large part à la distribution de la Justice musulmane. Il est permis de dire aussi que les distinctions qui rendent aujourd'hui la législation plus simple, échappent à la généralité des Indigènes, naturellement impassibles et indifférents. Ils reconnaissent, cependant, cela est avéré, que les Juges de Paix français les ont délivrés des iniquités et funestes prévarications passées dans la pratique courante, un peu partout, là où étaient établies les anciennes Mâhakmas. La méfiance qui se trahissait manifestement contre la Justice a disparu et la disposition qui provoque surtout leur confiance réside en ce fait que, pour les affaires importantes, ils peuvent, sans entraves, obtenir la révision de leur cause par une juridiction du deuxième degré, ayant une indépendance que les Midjéles avaient ignorée. Le rôle des magistrats musulmans, dans les tribunaux d'appel, a été amoindri, puis le sort même des assesseurs fut mis en cause et la réalisation de la réforme fit décider ensuite, leur suppression par extinction.

Soumis aux influences locales, aux haines de familles et aux passions de sôfs si vives chez les Indigènes, les cadis restaient dans une inertie préjudiciable ou bien subordonnaient leurs décisions à des motifs assez éloignés de l'esprit d'équité. Un Juge de Paix français reste nécessairement étranger à des pressions et à des luttes de partis qu'il a peut-être intérêt à connaître pour la surveillance des tribus, mais qu'il néglige pour assurer l'uniformité et l'impartialité de la justice civile.

La cessation de la vénalité que nous voyions chez les cadis et qui nous révoltait, tout en nous laissant impuissants contre un abus si habilement exploité, provient de ce que nous avons eu, momentanément, le courage de fermer les yeux pour préparer la réforme et baser nos innovations précisément sur les imperfections de la Justice musulmane. Il nous a suffi de faire l'histoire de cette institution, de relever les exemples de chaque jour, pour révéler les vices d'une telle organisation que les Musulmans eux-mêmes se sont bien gardés de défendre.

Depuis la mise en vigueur du décret de 1889 sur la Justice musulmane, le désordre a été, peu à peu, réparé, le mal a été circonscrit, et les relations des Indigènes avec les cadis, dans les affaires privées, étant restreintes aux questions du statut personnel, la loi reprend son ascendant et les particuliers se rassurent. Une sécurité nouvelle, une assurance générale pour la fortune privée renaît depuis que la protection de la vie, de la famille et des intérêts des Indigènes est passée entre les mains des Juges de Paix français sans doute moins habitués que les cadis à l'exercice de leur ministère, toutefois jouissant d'un crédit qui leur permet de compléter leur instruction juridique musulmane et d'assurer légalement la mission dont ils sont investis.

Ce progrès nous le devons à M. Tirman qui, durant son intelligente et efficace administration de l'Algérie, a su préparer l'avenir en s'associant à la transformation des institutions et en jetant les fondements de la prospérité actuelle.

Ils sont ausi l'œuvre de M. le Premier Président Zeys. Ce magistrat, dans le cours de sa laborieuse carrière, s'est adonné entièrement au droit musulman. Grâce à lui, l'étude de cette science jusque-là ardue, est devenu un sujet familier aux Juges Algériens. Ses travaux remarquables ont jeté une vive lumière sur ce droit un peu confus, car son traité est le meilleur ouvrage pratique sur la matière. Par la lucidité de ses leçons, par ses études qui ont mis ce droit à la portée de tous, M. Zeys a donc fait avancer d'un grand pas la réorganisation judiciaire, puisqu'il a rendu possible la promulgation du décret d'avril 1889.

Dans une pensée généreuse, nous n'avons pas brusquement transformé l'institution judiciaire tant décriée que nous avons trouvée après la conquête. Nous avons employé tous les moyens légaux, tous les ménagements pour opérer graduellement cette révolution. Avant que de faire prévaloir nos principes de droit plutôt que de force, il y avait à compter avec une infinité de considérations. En fait, des différences infranchissables entre les races et les coutumes n'ont pas permis une diffusion complète de notre droit ; mais nous avons d'abord imposé une foule de tempéraments à des usages abusifs, dont les Orientaux, malgré leur résignation, s'accomodaient fort mal. Sans aller jusqu'à l'extrême assimilation, qui paraît être une utopie, nous avons appliqué nos codes dans tous les cas où le permettaient les institutions musulmanes.

La conception pratique que nous nous sommes faite d'un service judicaire en Algérie, prend en considération les préjugés de la race arabe, aussi bien que les besoins et les améliorations qui peuvent être apportés à leur condition sociale. Une évolution aussi considérable n'est pas encore définitivement résolue ; malgré le désir d'uniformité, quels que soient les progrès réalisés, jamais on n'obtiendra raison de certaines différences, absolument tranchées, qui tiennent à la nature même de la nation soumise. Il est sensé et de bonne pratique de ne pas réclamer la suppression des principales traditions ancrées dans les mœurs de la race et qui s'appuient sur des idées religieuses que notre civilisation ne parviendra pas à entamer. L'organisation judiciaire n'est calquée sur aucun modèle, ses progrès sont de chaque jour, à mesure que les Indigènes se font à nos habitudes et réclament le bénéfice de certains avantages dont ils nous voient profiter, nous les admettons à participer à notre civilisation. Ce n'est certes pas la violence qui les fait adhérer. Nos tendances sont absolument pacifiques, car il n'a jamais été passé outre aux protestations légitimes qui ont pu suivre les innovations apportées à l'organisation de la Justice musulmane.

Tout ce qui était d'une élasticité fâcheuse, abandonné à la peu scrupuleuse appréciation des cadis, a été soustrait aux caprices onéreux de pareils interprètes. Les attributions des Juges de Paix ont été mieux définies, et les Indigènes ont pu faire valoir leurs droits devant des magistrats d'une autre race qui, sans avoir mêmes idées, même religion, leur assurent simplement une justice équitable, essentiellement honnête. C'est de la sorte que nous nous sommes immiscés dans de vieilles institutions qu'il semblait dangereux d'effleurer, si l'on ne voulait froisser les sentiments d'un peuple si hostile à toutes choses d'Europe. Le groupe des colons venus de la

Métropole, tout en ayant des aspirations .autres que celles du groupe indigène, suit parallèlement sous la protection de nos institutions, une route vers le progrès, sans que la prédominance du nombre chez les uns, l'idée de domination chez les autres, réagissent défavorablement sur l'œuvre qui exige une soumission commune aux pouvoirs judiciaires. On sent bien la portée politique d'une pareille organisation, du contact incessant de nos jeunes magistrats, qui protègent les propriétés aussi bien que la famille des nouveaux justiciables. D'une façon lente et sûre, dont la marche échappe à la susceptibilité du peuple arabe, notre influence pénètre dans tous les rapports de la société indigène. L'exercice prolongé d'une si bienveillante action réagira sur le milieu qui se sentira un jour aussi incapable de résister à la volonté de ceux qui représentent la nation souveraine, que de se passer du concours d'hommes qui, après les luttes sanglantes, améliorent leurs conditions d'existence morale et matérielle, en mettant à leur portée les bienfaits de la civilisation.

Nos magistrats, qui doivent principalement l'éclat de leurs fonctions à la réputation d'hommes intègres dont ils jouissent dans les tribus, se sont fait accepter et ont repris le rang hiérarchique occupé par les Juges musulmans. Le pouvoir oppresseur de ces derniers s'exerçait sur une population craintive, mais peu confiante, respectueuse, non pas seulement en raison de la considération attachée à la fonction, mais surtout parce qu'elle acceptait tout comme un mal inévitable, tant que les interprètes de la loi seraient choisis d'une race essentiellement orgueilleuse et autoritaire, autant que peu scrupuleuse. Les défauts des Juges musulmans étaient formulés et dénoncés par les Indigènes les plus attachés aux traditions. Ils s'étaient tellement accoutumés à l'arbitraire et aux prévarications, qu'ils ne tentaient qu'une chose : utiliser à leur profit les sentiments intéressés des cadis. Aussi, malgré quelques points d'infériorité dans les connaissances professionnelles d'un droit tout nouveau, lacune qui sera comblée le jour où les suppléants des Juges de Paix ne pourront être titulaires qu'après avoir obtenu le diplôme de droit musulman, le service judiciaire français a pris une force, s'est conquis une stabilité qui lui assurent un avenir prospère et considéré.

A la vérité, quel que soit le sens d'intuition des jeunes magistrats envoyés de la Métropole, ils se trouvent, dès leur arrivée, en face d'un peuple, d'un climat, de conditions d'existence absolument nouveaux.

Ce n'est qu'une progressive observation des faits, des habitudes et des institutions arabes qui leur permet de dégager les nécessités auxquelles ils ont mission de pourvoir. Ces particularités dans les mœurs ou dans la législation civile, apportent une dérogation complète au droit tel qu'il nous a été inculqué. Les divergences s'accentuent surtout dans ce qui tient au statut personnel et forment un ensemble d'obligations devant lesquelles nous devons nous incliner, car la famille arabe, si fortement constituée, puise sa force morale dans les éléments religieux d'une législation qui n'est pas sans grandeur.

Le Juge de Paix à compétence étendue en Algérie a les attributions les plus variées et les plus considérables. La tâche est lourde dans une circonscription immense où s'exercent ses pouvoirs en matière de conciliation, dans les affaires civiles, commerciales et musulmanes, en matière de simple police et de correctionnelle. Au point de vue criminel, il est Juge d'instruction ; enfin, sa compétence embrasse aussi délicates fonctions de Juge de référés.

Isolé, souvent loin du Tribunal d'arrondissement, le Juge de paix ne doit compter que sur ses capacités et sur son dévouement pour trancher de sérieuses difficultés. Son personnel : Greffier, interprète, huissiers, lui est d'un précieux concours, car l'intelligence du chef ne peut toujours suppléer à l'expérience et à certaines connaissances des mœurs du plus important groupe des justiciables. L'appui matériel de la force publique, la soumission des agents indigènes et les moyens mis à sa disposition pour assurer son autorité, ajoutent à l'ascendant moral du magistrat français, dont l'intégrité et l'impartialité en face de luttes, de passions et d'intérêts commandent la considération. Si la bienveillance exagérée et l'esprit de conciliation à outrance sont peu de mise avec les Indigènes processifs et vindicatifs, le Juge, ayant l'expérience des choses arabes, parvient fréquemment à calmer les haines, les partis pris aveugles et bien des passions que son bon sens, autant que le prestige de sa force, tiennent en respect. Les titres universitaires requis des candidats leur assurent des connaissances juridiques très suffisantes ; leurs qualités résident surtout dans la rectitude d'esprit, le tact et la pratique approfondie d'une législation qui exigent plus que l'équité et de la science théorique. Il suffit d'examiner l'ensemble des droits qui leur sont confiés pour reconnaître que le domaine de leurs attributions criminelles et civiles, en matière musulmane surtout, s'entend aux questions de propriété et de famille les plus subtiles.

La sécurité des tribus tient à la fermeté, à l'activité et à la connaissance des hommes dont le Juge de Paix fait preuve dans les informations. Les questions de famille et la fortune, puisqu'il est compétent au pétitoire, dépendent de la clairvoyance et du discernement de ce magistrat du premier degré. C'est une responsabilité considérable que l'on impose, après un stage de suppléant, aux Juges algériens qui justifient hautement la confiance qui leur est donnée. Cette extension de compétence, tempérée par le droit d'appel, n'a jamais été considérée comme dangereuse pour les intérêts privés. Les défaillances et les erreurs inhérentes à l'homme, abstraction faite de la fonction, que l'on a pu parfois constater, n'ont jamais été de nature à porter atteinte à la dignité de la compagnie, ni de nature à démontrer que des attributions aussi graves, conférées à un seul individu, nuisent à la bonne justice.

Les capacités du Juge de Paix lui sont un acheminement certain vers un emploi d'ordre plus élevé dans les Tribunaux. Le mérite dont il peut faire preuve dans le règlement d'affaires si nombreuses et si complexes, donne accès aux fonctions de Juge ou de Substitut. De la sorte, la perspective avantageuse d'un avancement normal étant ouverte aux Juges de Paix, le recrutement des magistrats de première instance est assuré dans un milieu de candidats jeunes, ayant fait leurs preuves d'honorabilité, familiarisés avec l'exercice d'une législation compliquée et sur lesquels on peut compter pour assurer au chef-lieu d'arrondissement une justice conforme aux besoins du pays.

Les circonstances ont fait naître les moyens à employer pour introduire sans troubler la stabilité de la législation musulmane, des innovations inspirées de nos institutions et appropriées au milieu dans lequel elles doivent s'exercer. Ce n'est pas de prime-abord qu'il a été permis d'apprécier les besoins à satisfaire.

Après s'être pénétré du système en vigueur et l'avoir compris, on s'est préoccupé de prêter à ces Orientaux ce qui a échappé à leurs commentateurs de la loi. Ces perfectionnements ont été conformes à leurs aspirations qui ne sont pas rebelles aux progrès ; toutefois, des siècles de respectueux usage des traditions et quelques timides recherches, tentées sous l'empire ds doctrines routinières du Coran, n'avaient pu les faire s'affranchir, d'eux-mêmes, des croyances fatalistes. Des préjugés fortement enracinés leur faisaient regarder leur état social comme bien supérieur à celui des étrangers.

Après avoir étudié les hommes et les faits, nous nous avons profité d'une expérience de cinquante années de contact qui nous a fourni une notion juste des besoins et du but à atteindre.

Nos codes, inspirés à des sources et à des coutumes occidentales, ne paraissaient pas utilisables sous une autre latitude, appliqués à une race différente ; cependant, en les dégageant de ce qui était trop spécial, en appropriant nos méthodes atténuées à une population presque primitive, cette organisation n'a pas manqué de résultats et la lumière a été jetée sur les formes que nous pouvions adopter pour faciliter l'évolution des institutions existantes, vers un système plus humain et conforme au progrès tel que nous le concevons.

La civilisation arabe, après avoir été supérieure à la nôtre, s'était peu à peu désagrégée sous la domination des Beys Turcs, quand elle s'est trouvée en face de notre société. Nos intérêts se sont graduellement liés sans que les Arabes aient perdu ce caractère qui nous surprend de suite et nous les fait comparer aux peuples anciens.

Cette analogie avec les peuples pasteurs dont nous trouvons la peinture exacte dans la Bible, nous porte à oublier les phases de grandeur par lesquelles ils ont passé, pour ne faire voir qu'une race paraissant restée stationnaire au milieu des nations modernes.

Leur genre de vie, les charges lourdes, l'état permanent de guerre, leur attachement aux doctrines traditionnelles avaient contribué à tenir les tribus arabes dans une complète dépendance. La prédominance ininterrompue d'une sorte de féodalité, classe supérieure de grands propriétaires dès chefs militaires, des magistrats, des prêtres investis d'un sacerdoce, enfin des mokaddems, chefs de secte, et des marabouts, que leur caractère religieux et leur origine sainte plaçaient en haute vénération, avaient, depuis l'origine, permis à la caste aristocratique de centraliser et d'exercer exclusivement la plus large, la plus pesante autorité, sur les populations dociles.

Accorder nos franchises et nos droits à ceux qui, depuis des siècles, avaient accepté leur condition, n'était pas un seul instant admissible ; tout au plus pouvait-on essayer un rapprochement entre les institutions assez dissemblables du peuple vainqueur et celles du peuple soumis. En réalité, nous avions à combattre cette classe dirigeante, dont l'influence et les attaches profondes étaient, par principe, opposées à un régime égalitaire. Arabes ou Kabyles, les Indigènes étaient maintenus en une tutelle sans limites, assez semblable à celle qui existait dans notre ancienne France au temps de la chevalerie. Le régime militaire accepta cette organisation, il s'en servit, parce qu'il était de son intérêt de ménager ou de soumettre ceux qui monopolisaient l'influence et exerçaient une action prépondérante sur le plus grand nombre. La classe bourgeoise et commerçante des villes : Khoulouglis ou Hadris s'était, de suite, inclinée, sinon ralliée.

Avant notre arrivée dans le pays, il n'était nullement question de revendication de droits de la part d'un peuple aspirant à l'indépendance et à une liberté relatives. Les liens qui attachaient les khammès aux grands chefs de tente, et la solidarité existant entre ces derniers ne permettaient guère l'émancipation de ces khammès, ou même de fellahs n'ayant qu'une idée très vague de leurs besoins sociaux, et de tous les avantages compliqués, assurés aux Européens par leurs constitutions. Certaines améliorations matérielles, la réglementation honnête des impôts, le libre exercice du culte et quelques autres satisfactions abstraites pour les rares lettrés, étaient les seuls besoins auxquels nous avions à pourvoir, afin de nous assurer, sans secousses violentes, l'adhésion de la population agricole. Au sein même des hautes classes, de nombreuses personnalités, qui avaient accepté notre domination alors qu'elle était entourée de luttes courageuses, des succès de guerre, de toute cette griserie de la poudre et du pouvoir absolu si ancrés dans le tempérament arabe, ne dissimulèrent pas toute la défiance, et même la répulsion, que leur causait le fonctionnement d'une action nouvelle, calme et persuasive. Nous tournions les difficultés sans secousses, sans douloureuses répressions, c'était l'œuvre du régime civil, enfin venu, après les conquêtes ; il se substituait aux faits d'armes héroïques qui n'avaient ni permis de remanier les institutions locales, ni de mettre à bas cette féodalité dont les abus avaient été surtout révoltants, durant la période troublée de la pacification.

Sans doute, il est acquis que le caractère dominant du peuple arabe, est un profond attachement aux traditions ; néanmoins, ses doléances au sujet de la juridiction des cadis imposaient le rapprochement et les substitutions que nous avons opérés, lorsque les hommes de cette race ont eu l'expérience d'une organisation qu'ils avaient observée dans son application chez les Européens vivant au milieu d'eux.

Actuellement, nos règlements étant appropriés aux coutumes locales, les Indigènes n'hésitent pas à recourir à une législation qui emprunte seulement ce qu'il y a d'avantageux dans le cadre et les formes françaises. Les Indigènes ont apprécié nos efforts et nous avons la satisfaction de rapprocher deux races qui se nuisaient, isolées, cela est indiscutable, les faits de chaque jour fournissent des résultats heureux qui appellent l'attention. Ils s'attachent à nos intérêts, à notre commerce. Le bon fonctionnement de nos institutions leur importe, puisqu'ils tirent profit de nos méthodes. Nous ne devons pas perdre de vue que, par une lente série de constatations et d'études, nous avons à perfectionner un système qui nous rallie un peuple jusqu'ici tenu comme étranger. La portée des transformations est comprise dans toutes les classes des justiciables et les moindres fellahs, qui se préoccupent peu des efforts et du mode employés, cherchent quel bénéfice ils retirent de l'exercice du pouvoir par les Européens et commentent, en se reportant en arrière, la sécurité dont ils jouissent depuis l'application de nos institutions judiciaires.

DEUXIÈME PARTIE

Les États-Généraux assemblés à Tours, en 1483, dans un article de leurs cahiers disaient : « Sans l'inamovibilité, les magistrats ne seroient ni si vertueux ni si hardis de bien faire leur devoir comme ils sont tenus de le faire ».

On comprenait alors que si les fonctions imposaient aux Magistrats l'obligation de remplir tous leurs devoirs, il fallait faire part de l'entraînement ou de l'erreur et les mettre en état de résister aux caprices, aux exigences et aux faiblesses humaines.

Les détracteurs du principe objectent que les prérogatives à vie permettent la routine, que le mandat à vie crée l'irresponsabilité et que l'esprit de corps, lorsqu'il est exagéré, rend frondeur.

Entre ces opinions extrêmes, il est un terme moyen qui s'impose.

Sans doute, l'inamovibilité assure au magistrat l'exercice de ses fonctions et des actes de forfaiture peuvent seuls le faire dépouiller de son privilège. Encore par forfaiture dûment jugée, terme qui signifie d'abord la faute de prévarication, on entend aussi tout motif de nature à amoindrir la confiance et le respect des justiciables, par exemple, l'incapacité notoire, physique ou juridique, soit aussi l'incompabilité.

Il n'est assurément pas sans intérêt de faire un retour sur l'origine de ce privilège.

L'Histoire des services rendus par l'ancienne Magistrature à la cause de la Monarchie, comme à la cause du peuple, le rôle de ces Juges qui savaient ne pas dépouiller leur caractère, même dans leurs faiblesses, contient de précieux documents pour la société contemporaine. Il est certain que l'inamovibilité fut, parfois, méconnue par les rois qui, sous le couvert de leur conseil, suspendaient les Magistrats dont les sentiments les inquiétaient ou leur ordonnaient de démissionner.

Les lettres de cachet constituaient un autre procédé d'intimidation ou de répression ; cependant, si les Monarques les plus autoritaires ont lutté contre ce privilège de l'inamovibilité, ils n'ont pas osé le briser, tant est grand le prestige attaché à cette garantie fondamentale d'une bonne justice. Le respect accordé par la Monarchie à ce principe, malgré les luttes que la Magistrature eut à subir contre les Parlements, ne démontre-t-il pas la nécessité et la légitimité de cette institution ?

Au reste, l'essai d'une Magistrature amovible que nous avons fait a été fatal.

Il y a quatre siècles que l'inamovibilité est acquise à la Magistrature française.

A l'époque féodale, les rois et les seigneurs déléguaient le droit de rendre la justice, en leur nom, à des clercs. Plus tard, les Parlements recrutèrent eux-mêmes leurs membres et c'est au XIVe siècle que le Roi se réserva le choix des Magistrats. Peu à peu les Monarques établirent la vénalité des charges qui devinrent alors une sorte de propriété et les Magistrats, possesseurs d'un office qu'ils avaient payé, furent inamovibles.

Par ordonnance, Louis XI réglementa et consacra

ce droit en assurant aux Juges le privilège d'exercer à vie leurs fonctions. Avec Henri IV la Magistrature fut rendue héréditaire les charges se transmettaient par voie de cession ou d'héritage.

Le privilège de l'inamovibilité fut supprimé par la Révolution et le système de l'élection adopté pour les emplois de Justice, se prolongea durant la période de droit intermédiaire.

Sous le Consulat l'inamovibilité reparut, le Chef de l'État choisissait et nommait les Magistrats. Une Charte de Louis XVIII proclama le même principe. On confia en 1848 au garde des sceaux le pouvoir de suspendre ou de révoquer les Magistrats opposés aux idées Républicaines, toutefois ce pouvoir exceptionnel fut aboli presque aussitôt. Après le Coup d'État, un décret porta atteinte au principe de l'inamovibilité, une limite d'âge fut imposée.

Tel est le rapide exposé des diverses phases par lesquelles est passée une institution successivement reconnue indispensable au fonctionnement de tous les services publics, comme au développement des intérêts privés.

Depuis un siècle, il est vrai, chaque nouveau régime a cru devoir suspendre l'inamovibilité, afin de procéder à une épuration, c'est à dire pour évincer les Magistrats ouvertement opposés au Gouvernement. Il était en effet étrange de voir l'inamovibilité former entrave à la marche des affaires publiques. S'il est bon que les Juges ne soient pas dans une dépendance absolue des pouvoirs, d'un autre côté, le droit indéniable appartient à tout Gouvernement d'affirmer ses tendances et d'assurer ses destinées, grâce à un personnel ayant sa confiance et n'étant pas hostile à ses idées.

Trop indépendants du pouvoir les Magistrats, au XVIIe siècle, ont fait acte de révolte ou de résistance systématique. Entrés en lutte avec les parlements, ils devinrent frondeurs et se sentant assurés de privilèges héréditaires, ils firent opposition à la royauté. Cette considération démontre qu'il y a péril à laisser aux Magistrats la possibilité de s'ingérer dans les choses politiques.

Si les commissions mixtes en 1852 portèrent un coup sérieux au caractère des Magistrats, les faiblesses de quelques hommes étaient la conséquence de l'organisation même de la Magistrature, que l'on poussait inconsidérément vers la politique. Trop de garanties d'attachement aux idées impériales étaient exigées des magistrats, qui s'efforçaient de faire leurs preuves, de donner des gages.

Puisque nous sommes désireux de voir la Magistrature se maintenir au plus haut degré de l'estime et de la considération, il faut conserver la dignité de telles fonctions ; pour leur donner l'autorité, il importe que dans l'exercice de ses pouvoirs le Magistrat joigne à l'expérience des affaires un caractère d'indépendance qui s'oppose aux entraînements dans le domaine des faits étrangers à sa juridiction. Pour qu'il n'y ait aucune suspicion envers lui, le Magistrat doit n'avoir d'autre pensée que l'appréciation consciencieuse des causes.

Est-il un rôle plus enviable que celui du Magistrat assuré de l'indépendance ?

Veillant à l'ordre social, défendant les institutions et les autorités, toutes les libertés forment un dépôt sacré qu'il sauvegarde. Recherchons, nous trouverons que dans les époques troublées, la magistrature s'est toujours montrée jalouse de prouver aux factieux qui excitent à la haine du Gouvernement et attaquent les droits garantis par la constitution, combien son influence est salutaire quand elle peut librement user de ses pouvoirs. C'est le règne de la liberté que la magistrature a assuré, lorsque, confinée dans ses hautes fonctions elle a su, sans distinction de rang social, punir ou protéger. Une source de troubles a pu seulement dériver de la faiblesse des Magistrats.

Si, jadis, dans certaines circonstances, leur dévoûment a été mis à l'épreuve, si les menaces n'ont pas toujours été sans action sur l'esprit de vérité qui les anime, ils ont maintes fois fait preuve d'un caractère inébranlable et dans l'histoire, le courage civil s'est toujours rencontré chez eux. De tels sentiments font la force et l'éclat du corps judiciaire français, ils contribueront encore, n'en doutons pas, au développement de sa brillante destinée.

Les principales considérations que nous avons fait valoir sont corroborées par l'opinion des législateurs étrangers, pour lesquels l'impartialité est intimement liée à l'indépendance du corps judiciaire, parce que sa libre action est indispensable au fonctionnement de tous les services publics, comme au développement des intérêts privés.

Le principe de l'inamovibilité est admis en Angleterre où les Juges sont maintenus dans leurs offices, tant qu'il n'ont pas démérité. En Suède, les Magistrats, ne peuvent être destitués ou déplacés sans instruction et jugement préalables. De même en Russie, là nécessité de cette institution a été reconnue. D'après la constitution Grecque, les Juges sont nommés à vie. Aux Etats-Unis, la Justice est protégée par l'inamovibilité. En Belgique, en Espagne, en Prusse, en Italie et en Autriche, on a établi la même règle.

Evidemment, dans l'application, il y a des nuances propres à chaque pays ; mais en fait, les Gouvernements Monarchiques, même les plus autoritaires, ont sanctionné un principe qui cependant limite leur puissance. Partout il ne peut être porté atteinte à la situation du Magistrat sans une constatation et une décision judiciaires.

Il est hors de doute que pour la France il ne saurait être question, sans péril pour l'ordre social, de supprimer des privilèges conférés depuis si longtemps et dont le principe, tout au moins, a été respecté par les constitutions. Il n'est pas mauvais de songer que l'inamovibilité est une institution ayant duré des siècles sans qu'elle ait vieilli. Dans le passé, elle a exercé une influence prépondérante sur les destinées de la France, chaque fois que l'on a tenté de l'abolir sous prétexte de réprimer l'indépendance, contraire à la liberté, que les magistrats s'arrogaient. Dépouiller la Magistrature de cette inamovibilité qui commande le respect, serait soulever une question irritante et imprévoyante. On est loin d'y songer, parce que ce serait toucher à l'existence même d'un corps chargé de veiller sur tous et qui, dans les convulsions politiques, oppose un rempart qui assure, jusqu'au dernier moment, le maintien des lois.

La distinction établie entre les Juges de France et ceux de l'Algérie ne s'explique plus maintenant que la Magistrature Algérienne a conquis le droit de bénéficier de l'inamovibilité. Les permutations avec des collègues de la Métropole sont de chaque jour. Les Magistrats se fixent aujourd'hui en Algérie et y acquièrent une situation respectée. Ils apportent à l'influence Française le concours de leur savoir et du moment où la pratique à acquérir, des coutumes, des usages multiples et de la législation spéciale a compliqué leur tâche. Il semble, pour tous, que ce serait une juste récompense que de les traiter sur un pied d'égalité complète.

A n'en pas douter la Magistrature doit être surtout en Afrique, un corps à part, puisqu'il est placé au premier rang dans la société. Aussi, avec l'expérience et la moralité qui lui permettent de rendre d'utiles services, aux yeux des justiciables il est nécessaire qu'elle jouisse d'une considération absolue. Il y a donc en Algérie une restriction qui paralyse une action énergique et des efforts salutaires.

Les services que la Magistrature rend à l'influence Française sont unanimement appréciés, le temps a fait son œuvre et ce sont précisément les évènements qui ont mis à découvert le côté faible de cette organisation judiciaire. Comment s'expliquer que l'on proclame tous ses membres dignes d'honorer la corporation entière au même titre que leurs collègues de France, tandis que l'on porte, en quelque sorte, atteinte à ce qui forme la plus sûre garantie d'indépendance ? Assurément tous ceux qui s'occupent de l'avenir de l'Algérie attachent leur attention sur cette lacune. Soyons-en certain, le jour où le principe de l'inamovibilité prévaudra , nous aurons consolidé une institution dont l'état précaire rend l'autorité moins imposante.

Ne sent-on point que cette légitime fierté attachée par les Magistrats à leur qualité, ne saurait être séparée de la considération générale ? Il ne faut donc pas affaiblir la dignité des Magistrats Algériens, qui par leur isolement au milieu des justiciables de races diverses voient précisément s'appesantir sur eux les responsabilités. Pour assurer l'obéissance et le prestige

à des juges dont les prérogatives sont plus considérables encore que dans la Métropole, ne serait-il pas
sage de donner de nos tribunaux, au peuple nouvel-
lement soumis, une idée de puissance et d'autorité
incontestée ? N'est-il pas de bonne politique d'attribuer
un caractère de faveur à ce corps dont la mission est
de faire comprendre et apprécier aux indigènes ce
qu'il y a d'intègre et de protecteur dans nos institutions
judiciaires.

Les Magistrats Algériens sont investis d'attributions
plus nombreuses que celles de leurs collègues de la
Métropole. En Afrique, les exigences croissantes de
chaque jour nécessitent un savoir et un travail plus
considérables. Les modifications de compétence la
criminalité énorme, l'application du droit musulman
les conflits de législation dans les litiges entre étrangers, font très chargés, des tribunaux dont les membres sont pénétrés de la haute mission qui leur
appartient.

Il se peut que l'on ait craint, il y a vingt ans, de
rencontrer certains obstacles de nature à contrarier
de légitimes aspirations ; toutefois on sent générale-
ment que l'état actuel de la Magistrature Algérienne
permet de la placer dans des conditions plus favora-
bles et qu'elle manque d'un élément de force qui
résulte de la considération attachée à l'inamovibilité.
Il faut bien reconnaître que les Juges sont hommes
de devoirs, ne cherchant nullement à se soustraire
aux exigences d'un travail qui prend, chaque jour,
une nouvelle extension. Alors, puisque la marche de
de la civilisation est déjà assurée par une bonne
distribution de la justice, ne laissons pas s'affaiblir
ceux qui loin de la mère-patrie, contribuent à faire
triompher les idées de vérité et d'équité. En un mot

si le maintien de l'inamovibilité a été partout considéré comme une règle salutaire d'utilité sociale, l'extension de ce principe titulaire doit uniformément porter sur la Cour et les tribunaux algériens. Ne pas donner à ces magistrats le droit d'exercer leurs fonctions dans les mêmes conditions qu'en France, malgré leurs aptitudes éprouvées dans les Justices de Paix, malgré leur impartialité acquise, peut être considéré comme une déchéance qui tient en suspens une situation non définitivement réglée.

Donnons à nos tribunaux, déjà traités sur un pied d'égalité sous tous les rapports, cette condition nouvelle, dont on retrouve la trace et l'influence féconde en France, pendant une longue suite d'années. Il n'est plus à démontrer quelle action sensible ce privilège a exercée sur nos institutions et quel intérêt les sociétés modernes ont unanimement attribué à son établissement.

Chez nous les révolutions et les troubles les plus subversifs n'ont pu que l'ébranler, bien entendu en laissant à part l'époque du droit intermédiaire. La permanence de cette institution au milieu des plus violentes luttes intestines permet donc de fonder sa nécessité sociale sur des faits accomplis. Puisque avec les idées modernes, on a maintenu cette prérogative en France ; puisque chaque pays de l'Europe l'a introduite dans sa législation, nous ne pouvons hésiter à l'étendre à l'Algérie, même limitée et réglementée, alors qu'elle puise son indiscutable autorité dans l'expérience des siécles, comme dans les revendications de l'opinion publique.

On a, en Algérie, organisé les tribunaux comme ils le sont en France, on a fixé leur recrutement, leur composition et réglé leur compétence en tenant

compte des attributions et des formes spéciales. O:
demande au Juge d'Algérie l'intégrité, la droitur
d'esprit, le bon sens et la décision, qualités auxquelle
il faut joindre une connaissance profonde de la légis
lation du Pays. Des études spéciales doivent auss
lui rendre familiers les coutumes diverses et le droi
Musulman. D'autre part, durant leur stage dans le
Justice de Paix à compétence étendue, les jeune
magistrats ont acquis l'habitude des formes et l
pratique des affaires. Diriger des enquêtes et de
instructions est entré dans leurs attributions de cha
que jour, leur initiative a été mise à l'épreuve. Il
ont eu à apprécier les causes, quant au fond et quar
à la forme ; ils interprètent les textes et motiver
leurs décisions. De la sorte les nombreux différenc
d'une circonscription, peuplée comme un arrondisse
ment de France, leur permettent d'acquérir la pratiqu
judiciaire et leur donnent la fermeté de jugemen
Quant à leurs tendances politiques, les Magistra·
Algériens sont loyalement attachés à la République
leurs idées libèrales se sont affirmées plus nettemer
que partout ailleurs, il n'y a par conséquent aucur
raison de les suspecter.

Ont-ils jamais oublié la réserve et l'abnégation q
leur incombent, malgré cette sorte d'infériorité dar
laquelle ils semblent tenus, quand on les compare
leurs collègues de la Métropole ? Si leur conscien
et leur dévouement sont inaltérables, on se représen
aisément qu'ils souffrent d'être ainsi laissés da:
une situation à part. Pour accéder au vœu génér
des Algériens qui désirent voir donner à leur justi
une consistance et une force nouvelles, cherchο:
donc à former une Magistrature fortement constitué
satisfaisons à ses justes revendications, car il ε
démontré que l'inamovibilité, en la relevant dans

présent et dans l'avenir, complèterait définitivement l'ordre judiciaire en Algérie.

A notre époque de laisser aller, d'indifférence et de critique à outrance, l'influence et l'autorité du Magistrat ne peuvent que s'affaiblir, il faut par conséquent, plus que jamais, que ceux qui protègent nos intérêts les plus considérables, soient eux-mêmes protégés. Evidemment les Magistrats sont déjà investis de pouvoirs considérables et pourtant l'institution salutaire des tribunaux ne saurait voir restreindre des droits impérieusement nécessaires à l'exercice de la Justice.

Les Jurisconsultes Romains déclaraient que la Justice consiste dans une volonté ferme et constante d'être juste en tout temps et en toute occasion, ce qui revient à dire que si le Magistrat partage les faiblesses et les passions du vulgaire il n'y a plus de justice. Mais, ne sait-on pas que les meilleurs Magistrats ne sauraient être sans ennemis ni reproches et que plus que toutes les institutions, la magistrature a été attaquée. Si tant il est vrai qu'elle a pu naguère ne pas assez nettement affirmer sa liberté ou mériter le reproche de servilisme, le mieux n'est-il pas de lui créer une existence privilégiée pour éviter même le soupçon de complaisances, pour placer ces juges en dehors de toutes les influences, c'est-à-dire au-dessus des défiances ?

Si l'on veut que le Magistrat puisse préciser librement le sens et la portée de ses décisions et s'adonner, autant à la recherche des principes des causes qu'à l'éviction consciencieuse des questions personnelles, il convient d'accorder à la justice une réelle protection qui ne peut être assurée que si les Magistrats sont tenus en dehors des évènements et des préoccupations. Le prestige qui découle des fonctions judiciaires exige que les hommes qui se vouent à cette carrière soient libres de toutes considérations personnelles, car l'intérêt et d'autres sentiments humains, peuvent fort bien apporter le trouble dans la conscience du Magistrat.

En un mot : Des connaissances juridiques de la droiture et de la fermeté sont de précieuses qualités qui ne suffisent pas à garantir les intérêts confiés aux tribunaux. La Magistrature doit être une institution puissante à l'abri de toutes atteintes ; il lui faut l'inamovibilité pour que la loyauté et la conscience du juge soient à l'abri de de tout soupçon, pour que rien ne puisse troubler son esprit d'équité.

Les libertés publiques et l'exercice du pouvoir de souveraineté du Gouvernement se concilient avec l'indépendance tout à la fois respectueuse et libre de la Magistrature. Le caractère immuable n'est nullement inconstitutionnel, c'est une propriété du grade justifiée par une nécessité publique et par l'intérêt des justiciables qui réclament cette dérogation aux droits de ceux qui détiennent le pouvoir.

Assurément l'autorité judiciaire ne doit, sous aucun prétexte, empiéter sur le domaine de l'administration ou apprécier les actes du Gouvernement. Les Magistrats, tout comme les autres fonctionnaires auxquels on délègue l'exercice des pouvoirs publics ne sauraient voir dans l'inamovibilité une sorte d'impunité qui les rendrait despotes ou factieux.

Il suffit de supprimer dans ce privilège ce qui peut être dangereux, ce qui n'est plus en rapport avec les principes démocratiques, afin de ne conserver de l'institution que la garantie indispensable à ceux qui maintiennent l'ordre et font respecter : personnes et propriétés.

L'inamovibilité n'est pas seulement instituée pour protéger le Magistrat et encore moins pour lui permettre la résistance et l'opposition, elle est maintenue parceque les justiciables ont droit à l'indépendance de ceux qui appliquent la loi. Au reste la force de l'inamovibilité est attachée précisément à la stabilité du gouvernement.

Que l'inamovibilité soit subordonnée à l'investiture du Gouvernement, c'est-à-dire que, pour pouvoir rendre la justice en son nom, le gouvernement exige une consécration ainsi que cela se pratiquait sous la restauration.

Le serment prêté avant l'installation, imposerait des devoirs aux Magistrats qui ne pourraient manquer à la sincérité de leur caractère.

Après l'investiture, la corporation ayant l'attitude correcte, indispensable à quiconque veut être respecté se tiendrait hors de portée des évènements, loin des nuances du parti, et ce serait précisément en cela que résideraient sa puissance et son autorité. Il ne faut pas se le dissimuler, toutes les classes de la Société Algérienne, tous les groupes de la population étrangère ou indigène, donneront plus largement leur confiance à des hommes à l'abri des surprises et se tenant confinés dans leurs attributions d'ordre purement judiciaire.

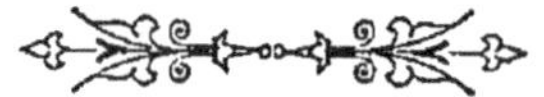

CONSTANTINE. — IMPRIMERIE ADMINISTRATIVE ET COMMERCIALE, PH. LECA .